¿Qué clase te gusta más?

Amy White
Traducción/Adaptación de Lada J. Kratky

Me gusta contar, sumar y restar
números.

La clase de matemáticas es la que más me gusta.

Me gusta leer libros cortos y largos.

La clase de lectura es la que más
me gusta.

Me gusta dibujar y colorear. También me gusta pintar.

La clase de arte es la que más me gusta.

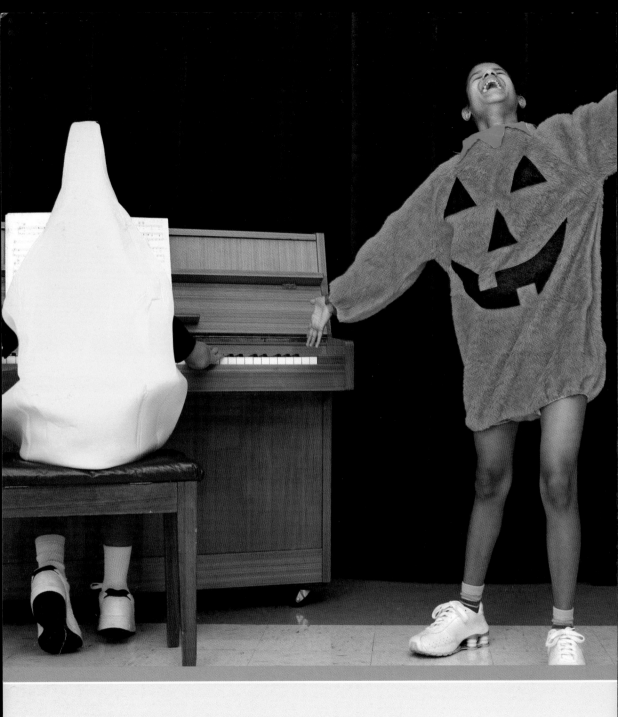

Me gusta cantar y tocar el piano.

La clase de música es la que más me gusta.

Me gustan todos los animales,
especialmente los cachorros.

La clase de ciencias es la que más me gusta.

Me gusta estudiar culturas diferentes.

La clase de estudios sociales es la que más me gusta.

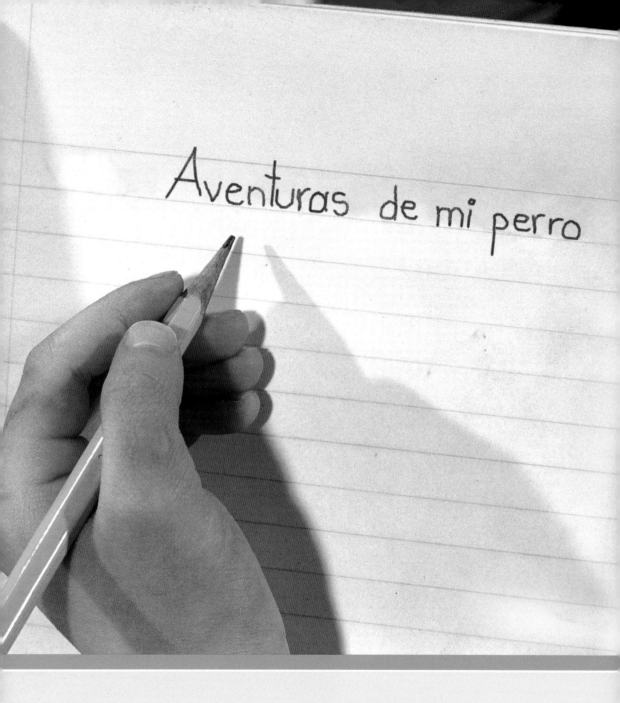

Me gusta escribir cuentos chistosos e interesantes.

La clase de escritura es la que más me gusta.

¿Qué clase te gusta más a ti?